EL BAJO VENEZOLANO

EL BAJO VENEZOLANO

Un acercamiento a la música venezolana desde la perspectiva del bajo eléctrico

Jairo Toloza

Audios disponibles en:

www.jairotoloza.com

ISBN: 9798843039455

Independently published

Cover design by Mayrubi Ramirez

Tabla de contenidos

Sobre el autor

Jairo Toloza es un bajista venezolano nacido en Caracas, en 1979. A los 10 años de edad comienza estudios de guitarra clásica con el maestro Alberto Espinoza, en su ciudad natal. Luego, en el año 1995 se traslada a la ciudad de San Cristóbal, donde conoce el bajo eléctrico, instrumento que lo acompañaría desde entonces. Recibió el título de Licenciado en Educación en la Universidad de Los Andes (ULA), en el año 2005. Cursó estudios de bajo eléctrico con el maestro Ezequiel López, en San Cristóbal, y luego con el maestro Giovanni Ramírez en Caracas. Se desempeñó como docente y jefe de área de la carrera de Educación Musical en la Universidad Pedagógica Experimental Libertador (UPEL), durante cinco años. Como bajista y arreglista ha tenido la oportunidad de participar en un sinnúmero de producciones discográficas. En el año 2016, se hizo acreedor del Latingrammy por su participación como bajista en el disco *"Arriba Abajo"*, del artista 123 Andrés; y en 2017 del premio ARPA en México, por el disco *"Todas las Tardes"*, del Brasilero Clayton Uehara. En el mismo año logró su segunda nominación al Latingrammy junto al artista Daniel Minimalia.

Su versatilidad lo ha llevado a participar con artistas de talla nacional e internacional en diversos géneros musicales, desde la música tradicional venezolana, hasta participar en festivales internacionales de jazz, como el Festival Voces del Jazz, en Cartagena de Indias, Colombia, en 2014. Actualmente reside en la ciudad de Quito, Ecuador, donde se desempeña como bajista y productor de diferentes proyectos musicales nacionales e internacionales, además de ser docente de la prestigiosa Universidad de Las Américas (UDLA). En el año 2022 obtuvo nominación a los *American Grammy Awards*, por su participación como arreglista y bajista en el disco Actívate, del artista Andrés Salguero.

Prólogo

La música, esa amante bondadosa con el escucha y exigente con el intérprete. Desde que el ser humano descubrió la manera de utilizar los sonidos de la naturaleza a su gusto para expresar su alegría, su tristeza, para sus rituales o diversión, la música no ha dejado de acompañarnos ni un segundo. Somos seres musicales, aun cuando no lo notemos. Caminamos a un ritmo simétrico, nuestro corazón late con una constancia matemática inconsciente que, de desequilibrarse nos provocaría la muerte. Así de musicales somos. En los días lluviosos nos dejamos conmover con el sonido de las gotas en los techos y en los días soleados nos reconforta el canto de las aves.

Aunado a esto, es la música (y tal vez la gastronomía) aquello que más nos identifica como habitantes de una determinada región. No cometamos el error de discutir con un zuliano sobre el origen de la gaita, así esta diatriba se inicie en una plaza en Alemania. O de poner en duda la nacionalidad del vallenato. Es la música nacional y regional parte de nuestro ADN cultural, de nuestra idiosincrasia.

Ahora, aquellos que de manera atrevida nos hacemos llamar *"músicos"* vivimos este extraordinario fenómeno de una manera particular, y en algunos casos como este, incluso nos abalanzamos a la aventura de estudiarla y analizarla. Luego de 25 años de transitar en este ir y venir musical, he llegado a elaborar un concepto bastante puntual sobre la música, y es el siguiente:

"La música es la física y la matemática trabajando en función de la química"

Y se preguntarán cómo es posible tal atrevimiento; ¿cómo podemos reducir tan hermoso fenómeno en palabras tan técnicas y banales? En realidad, es bastante sencillo de explicar. Las ondas sonoras, las frecuencias y las cualidades del sonido son elementos en el campo de estudio de la física. Los intervalos, las estructuras de un acorde o de una escala, la duración de una negra o una corchea son conceptos matemáticamente perfectos que podemos analizar solo bajo las sumas y las restas. Y cuando estas dos magníficas ciencias se unen, pueden hacer que el cerebro dispare increíbles dosis de endorfinas, hacer que tu piel se erice o incluso lograr que rompas en llanto desconsoladamente, jugando con tu química corporal a discreción. Es aquí donde el misterio y la magia ocurren.

No basta con conocer las leyes de Newton o haber resuelto todos los ejercicios del álgebra de Baldor. Es el arte que fluye por las venas del músico esa salsa que une este montón de números y fórmulas, de manera casi celestial, para que el espectador logre evocar esos recuerdos, encontrar el amor en una melodía y vivir por unos minutos en el alma del intérprete.

Así como amplia es la gama de la música en sus colores y ritmos, lo es también la familia de instrumentos musicales. Y sucede con los músicos desde muy temprana edad, un proceso que emula a la selección de los sombreros mágicos de cierta franquicia de Rowling: el instrumento te escoge. En el momento en el que te enamoras de él (o ella) ya tu vida no vuelve a ser la misma. Vivirás para tu instrumento y él vivirá para ti. Como en toda relación de pareja, tendrán sus altos y bajos, conflictos, peleas; pero al final de todo, las superarán y seguirán por el camino de la felicidad. En el caso particular de Venezuela, ese primer amor es el cuatro. Encontrarán ingenieros, doctores, maestros de álgebra, que tal vez no se dedicaron a la música de manera profesional, pero que en la fiesta de cumpleaños toman su cuatro y arman una *"parranda"* tocando y cantando las melodías que aprendieron de niños en la escuela.

Aunque como los amores adolescentes, no siempre el primer amor es aquel que va a acompañarte toda la vida.

En mi experiencia personal, el cuatro me enseñó el camino de la música, pero un par de años más tarde quise saltar a un instrumento más "internacional", por llamarlo de alguna manera. Recién sacaba Luis Miguel su disco *"Romance"*, y yo no veía la manera de tocar esos temas en el cuatro. Fue así como logré que mi madre (o Santa Claus, como quieran llamarlo) me trajera mi primera guitarra y un librillo del maestro Oscar Delepiani llamado *Aprende a tocar la guitarra*. Unos años y un sinfín de anécdotas más tarde conocí al amor de mi vida: el bajo.

El bajo es un instrumento parecido a la guitarra eléctrica, que se encarga de cubrir ese registro grave del espectro sonoro. Al principio fue una relación basada en el interés, pues el bajo era un instrumento que se utilizaba en todos los estilos musicales, mientras que la guitarra quedaba excluida en muchas ocasiones. Sin duda, esto limitaba el campo de trabajo, si es que quería hacer de esto mi estilo de vida. Pero llegó el momento en el que nos entendimos de una manera tan increíble, que no puedo imaginar la vida sin mi fiel compañero de mil batallas.

De tal forma, para que te resulte comprensible lo que estás a punto de leer en los próximos capítulos, es importante que comprendas un par de cosas: primero, el rol que desempeñamos como bajistas en una agrupación musical de cualquier índole es el de dar soporte rítmico y armónico a toda la infraestructura musical. No es nuestro papel tocar un sinfín de notas. Tampoco somos protagonistas, a menos que sea tu proyecto el de un bajo solista.

Así, durante toda mi carrera como docente he iniciado mis clases con los bajistas con la siguiente frase: *"El bajo es el instrumento menos divertido de una banda"*. Pero no me malentiendan, una vez que encuentras la sensación de poder que te da tocar una redonda en la nota más grave y sentir que toda la banda reposa sobre tus hombros, comprendes que somos unos protagonistas silenciosos y tenemos una responsabilidad enorme. Y claro, es en ese momento cuando adquieres tu "*bass face*".

Este libro es un paseo por la música venezolana desde la perspectiva de un bajista. Viajaremos a través del vals, el joropo, el merengue y tantos otros géneros musicales en el tren de la clave de Fa.

El objetivo último de este material es que usted, estimado lector, pueda adquirir los recursos musicales necesarios para la elaboración y ejecución del acompañamiento de la música venezolana y, de esta manera, se convierta en multiplicador de la misma.

La música venezolana

Es interesante pensar en el surgimiento de la música popular venezolana como tal, y en el hecho de que contenga elementos europeos sin que estos sean dominantes. Tal proceso de mestizaje no es más que el resultado de la tradición oral. Es preciso recordar que los instrumentos musicales de cuerda pulsada y los de cuerda frotada, así como los instrumentos de viento elaborados, arribaron a América con la llegada de los ocupantes europeos.

Antes de ese momento de transición histórica, los instrumentos musicales existentes provenían de la naturaleza. Instrumentos idiófonos y de viento elaborados con semillas, huesos, conchas, entre otros. Con la llegada de los españoles a Venezuela no solo se instauró su cultura, sino también un sistema represivo de esclavitud que duró varios cientos de años. Dentro de este panorama aparece otro grupo étnico, los africanos, que también trajeron consigo su legado cultural.

La música popular venezolana constituye un fenómeno cultural que ha sido transmitido de generación en generación a través de la tradición oral.

Existen varios trabajos de recopilación del repertorio venezolano elaborados a principios del siglo XX por Juan Bautista Plaza, el maestro Vicente Emilio Sojo, entre otros, enfocados solamente al hecho pianístico o melódico, sin hacer énfasis en toda la compleja estructura de la sección rítmico/armónica del acompañamiento que, generalmente, está conformado por el cuatro, la guitarra, el contrabajo, el tiple, etc.

Como resultado de esto, los instrumentistas se ven obligados a seguir su instinto para formar parte del cuadro musical, plasmado en una partitura que contiene escritos solamente la melodía y algunos acordes. Esta práctica intuitiva ha sido fundamental para el surgimiento de un fenómeno llamado –en el argot popular venezolano– la "guataca", que no es más que la agudización del oído a tal extremo que el músico, con tan solo escuchar algunos compases, puede acompañar diferentes composiciones en el instrumento que domina. Pero a su vez, este maravilloso fenómeno, que podría verse como una bendición, ha creado una brecha entre los denominados músicos "académicos" y los "populares", haciendo creer a estos últimos que no es necesario adquirir una formación académica para ejecutar un instrumento musical y acompañar cualquier melodía.

Agrupaciones como *"El Cuarteto"*, *"Raíces de Venezuela"*, *"Ensamble Gurrufío"* y los más contemporáneos, como *"C4 trío"*, han dejado un legado discográfico enorme, sembrando con éxito la semilla de la música venezolana en una generación de jóvenes inmersos en un mundo musicalmente globalizado, donde los medios de comunicación han superpuesto los géneros musicales foráneos a los propios. Esto puede observarse en la gran aceptación que tienen los conciertos de música venezolana realizados por artistas como Huáscar Barradas, Rafael *"el Pollo"* Brito y las mismas agrupaciones antes mencionadas. Asimismo, en eventos como la Cátedra Itinerante de Música Venezolana organizada por la fundación *Fundaescucharte*, con el auspicio de la Universidad de Carabobo, donde la asistencia es masiva y las edades de los participantes oscilan entre seis y cincuenta años.

No obstante, son pocos los antecedentes que existen sobre trabajos que permitan la reproducción de este repertorio discográfico. El maestro Oscar Delepiani publicó su *Manual de cuatro* en 1982; sin embargo, es un trabajo basado en la intuición del lector, ya que no es posible realizar un correcto acompañamiento si no se tiene conocimiento previo de la letra de la canción.

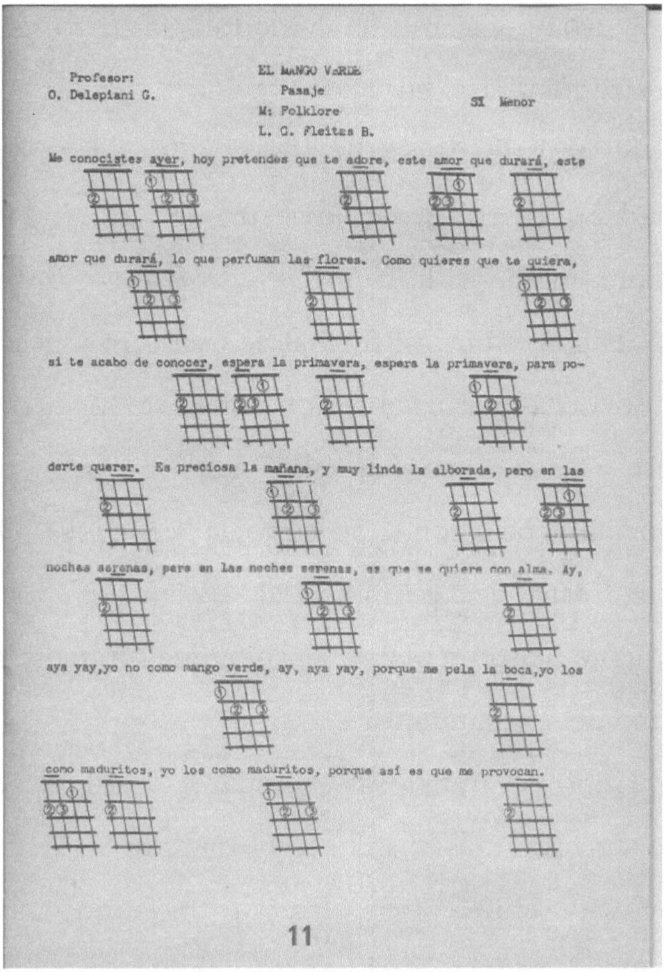

Profesor:
O. Delepiani G.

EL MANGO VERDE
Pasaje
M: Folklore
L. G. Fleitas B.

SI Menor

Me conocistes ayer, hoy pretendes que te adore, este amor que durará, este
amor que durará, lo que perfuman las flores. Como quieres que te quiera,
si te acabo de conocer, espera la primavera, espera la primavera, para po-
derte querer. Es preciosa la mañana, y muy linda la alborada, pero en las
noches serenas, pero en las noches serenas, es que se quiere con alma. Ay,
aya yay, yo no como mango verde, ay, aya yay, porque me pela la boca, yo los
como maduritos, yo los como maduritos, porque así es que me provocan.

11

El mango verde. Pasaje de G. Fleites

Esta metodología presenta una serie de limitaciones, como por ejemplo el hecho de que el lector debe conocer de antemano la melodía y letra de la canción. No es posible acompañar un tema instrumental de esta manera.

El maestro Oswaldo Abreu García hizo lo propio en 1988, utilizando la misma metodología, pero esta vez para dos instrumentos: el cuatro y la guitarra.

Su trabajo mostraba los mismos inconvenientes del material elaborado por el maestro Delepiani. No obstante, luego presentaría su libro *Perlas musicales venezolanas,* en donde utilizó lenguaje musical formal, la escritura musical melódica y el uso del cifrado sobre los compases para que el lector pudiese hacer uso de la métrica para realizar el acompañamiento, aun si no conocía la melodía. De la misma manera, esto le permitió al ejecutante tocar pasajes meramente instrumentales, sin ninguna limitante más que su dominio del instrumento.

Hubo trabajos similares publicados por extraordinarios músicos como el maestro Alberto Espinoza, José Peñín, entre otros. En su trigésimo aniversario, la agrupación *"Raíces de Venezuela"* realizó una publicación titulada *La Trayectoria,* en la cual incluyó una recopilación de repertorio, transcribiendo cincuenta y dos temas grabados durante su carrera musical. Quizá sea el trabajo que más se acerca a la intención de este material instruccional, ya que las transcripciones incluyen las partituras para contrabajo.

A diferencia de los trabajos mencionados, este material pretende enfocarse en la ejecución del bajo en el acompañamiento de cada género, estableciendo patrones que puedan ser ejecutados por el lector y trasladados a cualquier composición del mismo.

Ritmo, armonía y melodía

Ya al inicio de este material elaboramos una definición bastante romántica de la música, basados en lo que ella transmite y lo que nos permite sentir y vivir. En un sentido académico, la definición *oficial* de música es algo como *"Es la combinación de ritmo, armonía y melodía de una manera organizada"*. Visto desde esta perspectiva, podemos abordar el tema del acompañamiento de los géneros musicales separando estos tres elementos. Cada género posee una rítmica muy propia y particular, al igual que sus giros armónicos y melódicos. Es por eso que un vals se diferencia de un joropo, de un merengue o de un bambuco.

La música tradicional venezolana no es ajena a la influencia foránea, al igual que toda la música del continente americano.

Son pocas las manifestaciones musicales que se han mantenido "puras", con el transcurrir de los siglos, y están asociadas generalmente con las etnias indígenas originarias. Esto debido a factores totalmente extra culturales, como la resistencia ofrecida por los grupos indígenas a la colonización, por nombrar alguno. Mientras que géneros como el vals, la gaita o el joropo son una *"venezolanización"* de tradiciones traídas a nuestro continente desde Europa o África.

Los registros históricos reportan una importación de vihuelas a Venezuela en 1528, es decir, treinta años después de la llegada de Colón a América. Sin embargo, en "foros" informales de discusión con investigadores actuales, como Jhoel Arellano, se ha discutido el hecho de que es virtualmente imposible que no hayan llegado músicos en las primeras embarcaciones, siendo la música uno de los pocos medios de entretenimiento que existían en los años de las invasiones europeas.

Asimismo, si se realizó la importación de esas vihuelas en 1528 es porque existía una clientela a quien vender. Eso implica que antes de que se impartiera alguna educación formal musical en América, ya había al menos 35 años de mixtura cultural.

No dejemos de lado el hecho de que la música además de cumplir la función de entretener, es también un medio ceremonial, tanto de los europeos como de los esclavos africanos que trajeron consigo.

¿Esclavos músicos?

Es una creencia errada que los españoles entraron a África y a punta de espada y mosquete esclavizaron a todo nativo que se le cruzaba en el camino. Primeramente, porque la colonización se dio en el peor momento económico de la corona. La versión real es que las grandes tribus africanas ya practicaban la esclavitud. Lo que sucedió fue un sencillo (y extremadamente cruel) intercambio comercial, en el cual los europeos compraban mano de obra muy económica y descartable. Sin embargo, los músicos, eran un insumo bastante costoso y apreciado por las monarquías. Los reyes no iban a vender a sus músicos.

Entonces, ¿cómo llega la música afro a nuestro continente? La cultura musical afro viene dada por el factor funcional de la música.

No solo trajeron mano de obra esclava, también trajeron todo un mensaje cultural, con elementos arraigados de su tierra natal y que no iban a dejar de lado solo por estar en otras latitudes. La fabricación de instrumentos de percusión afro comienza desde la nostalgia y las memorias de aquellos esclavos que tuvieron la dicha de tener alguna proximidad con músicos en su terruño, al igual que la manera de ejecutar los mismos. Es un medio a través del cual pueden comunicarse con sus dioses, sus familiares o incluso con su propia alma desesperada.

El vals

Se denomina vals venezolano a la variación, adaptación e interpretación de dicho género musical a los estándares musicales y culturales de Venezuela. De acuerdo con Luis Felipe Ramón y Rivera, existen dos corrientes en el vals: el de salón y el popular.

El instrumento favorito para la ejecución del vals de salón es el piano. Se enfatiza en los nombres de Manuel Azpúrua, Federico Vollmer, Rogerio Caraballo, Manuel Guadalajara, Telésforo Jaimes, Ramón Delgado Palacios y Rafael Isaza, como compositores de valses de dos partes en el inicio de este género en Venezuela.

El vals de tradición oral o vals popular utiliza, para su ejecución, los instrumentos típicos de cada región venezolana, siendo cultivado mayormente en los Andes y en la región centro-occidental de Venezuela. En la región andina, el violín y la bandola son instrumentos solistas, acompañados de la guitarra, el tiple y el cuatro, contando con la reciente incorporación del bajo o contrabajo. La estructura musical característica de los valses populares consta de tres partes.

A partir de la aparición en la escena musical de músicos dotados de un gran virtuosismo, como Cheo Hurtado, Antonio *"Toñito"* Naranjo, Cristóbal Soto, entre otros, muchos valses del repertorio popular venezolano se han visto modificados, específicamente en su Tempo. Así, valses como *"El Diablo Suelto"*, *"El Alacrán"*, *"Los Potes de San Andrés"* y tantos otros se han registrado a velocidades muy por encima de su tempo original, en función de mostrar el virtuosismo de los ejecutantes.

En términos musicales, el vals es una forma musical escrita en compases de 3/4. La línea de bajo está marcada por la acentuación del primer tiempo como tiempo fuerte del compás (usualmente una blanca) y del tercero, como semifuerte (una negra). Generalmente, el primer acento del compás se corresponde con la fundamental del acorde, mientras que el segundo es una quinta.

Ejemplo N° 1

Utilizando este sistema de quintas queda cubierto el manejo de acordes de cualquier especie, sean menores o mayores. Dicho esto, se debe tener cuidado al momento de interpretar acordes *"semidisminuidos"*, es decir, acordes menores con séptima menor y quinta bemol.

Ejemplo N° 2

Nótese que en el ejemplo N° 2 el La bemol existente en la armadura de clave marca una diferencia notable en el segundo compás.

Existen algunas variaciones rítmicas en las que se desplazan los acentos del compás.

Ejemplo N° 3

El segundo acento del primer compás ha sido desplazado al tiempo semifuerte de la negra en cuestión. En el compás N° 3 los acentos siguen presentes, pero se ha añadido una negra en representación del tiempo N° 2, creando una acentuación en cada una de los tiempos del mismo.

Estas variaciones están destinadas a enriquecer el lenguaje rítmico del tema, pero deben ser administradas con cuidado, pues de tomar la variación como patrón se corre el riesgo de convertir el vals en una danza o bambuco, debido al desplazamiento de la acentuación.

A continuación, se presenta la línea de bajo del vals "Juego Azul", de Domingo Moret, ejecutado por el grupo *"Raíces de Venezuela"*. Cabe destacar que, aunque es la transcripción oficial del libro *La Trayectoria* esta es solo una aproximación a la ejecución que realizó en el estudio el maestro Héctor Valero.

Juego Azul
Score
Vals
Domingo Moret
Bajo
Dm Dm/C G7 B♭7 Dm Dm/C
B♭7 A7 Gm6 A7 Dm
Bm7(♭5) B♭7 Am7 Cm7 F7 B♭
B♭maj7 Gm6 A7 Dm D7 Gm Gm6 A7
Dm7 E♭9 Dm Gm6 C7 F
E7(♭5) Gm C7 F B♭m
E♭7 A♭ G7 Gm C9
Gm C7 F G♯dim Gm C7 F

Cm7 D7 Gm Fdim F F#dim G7 C7
55
To Coda
Fmaj7 Gm7 B♭7 A7 E♭9
61
D.S. al Coda
B♭7 E♭7 F Fmaj7
67

El joropo

El joropo es la música tradicional venezolana que se ha escuchado desde siempre en todo el país. Presenta las adaptaciones y particularidades regionales con la incorporación o desincorporación de algunos instrumentos. Así tenemos, además del joropo llanero y el tuyero, ampliamente conocidos y difundidos en todo el país, el joropo guayanés, larense, oriental, andino.

En su escrito *Análisis Musical del Joropo*, Franz Von Marttens define este género de la siguiente manera:

> *"El Joropo es un lenguaje musical basado en estructuras fijas sobre las cuales se desarrolla libremente su ejecución, su servicio primario está destinado a la danza, pero esta, por sí sola se mantiene independiente. Se caracteriza por ritmos binarios y ternarios, hay un juego entre sus combinaciones y alternancias: entre el 6/8 tan característico del cuatro, las maracas y el registro agudo del arpa y el 3/4 propio de los bajos y del arpa además manifiesta a través de sus diferentes acentuaciones, las cuales mayormente se encuentran en el cuatro y las maracas nos hace pensar que se encuentra en 3/2"*

Actualmente, este género musical es un emblema de identidad nacional de Venezuela. Se caracteriza por ser tanto mestizado como indígena, por lo que apreciamos su riqueza entre la rítmica de la melodía, el acompañamiento de arpa y cuatro y la versificación literaria, donde se observa la influencia europea. En su melodía podemos identificar la presencia del negro, y en la estampa de las maracas identificamos la huella indígena.

En casi toda la geografía nacional, el joropo puede observarse en sus múltiples formas en cuanto a la manera de bailarlo y de tocarlo. El joropo llanero, el tuyero y el oriental conforman el desglose de este género que impacta a grandes y a pequeños, también hay derivados de estos; por ejemplo, el pajarillo. Sus instrumentos y ritmos varían de población en población.

En un análisis musical más profundo, es preciso destacar que el joropo se divide en dos grandes vertientes que pueden ser diferenciadas por la métrica en la que se ejecutan: joropos a 3/4 y joropos a 6/8, indistintamente de la región o de su contexto histórico.

Aunque existe una gama de "golpes" de joropo a través de toda la geografía nacional, el más destacado ha sido el joropo llanero que, como indica su nombre, es ejecutado en la región de los llanos venezolanos. El manejo del compás de 3/4 es idéntico al utilizado en el vals.

Ejemplo N° 4

Este acento de los tiempos 1 y 3 es constante, y no admite el desplazamiento de corchea presentado en el vals. Préstese especial atención al ejemplo N° 4, A7. Existe allí un movimiento melódico que a través de una progresión diatónica va desde el 5° grado hasta el 1°. Este recurso melódico es ampliamente utilizado no solo para formar un enlace armónico entre dominante y tónica, sino también para establecer conexión armónica entre cualquiera de los acordes de la canción.

Existe una gran cantidad de recursos técnicos aplicados al bajo eléctrico para ejecutar diferentes estilos musicales universales, tales como el *slap*, el *tapping*, el uso de los armónicos y acordes, entre otros.

Estos recursos han sido aplicados por los ejecutantes del instrumento al joropo, pero existe un recurso técnico creado especialmente para el joropo por el bajista venezolano Gailabi Jiménez: el *"bordoneo"*.

El bordoneo es un recurso percusivo del arpa, en el cual el ejecutante utiliza un arpegio en el registro más grave del instrumento y hala las cuerdas de tal manera que produce un sonido áspero y fuerte. Jiménez incorporó este recurso al instrumento, utilizando el pulgar de la mano derecha para empujar desde el cuerpo del bajo hacia afuera la cuerda E o A, y los dedos índice y medio para halar con fuerza las cuerdas D y G de manera simultánea. La mano izquierda se encarga de enmudecer la cuerda que debe tocar el pulgar de la mano derecha, mientras que el resto del acorde es colocado en la posición correcta que permite la sonoridad del mismo.

Ejemplo N° 5

Esta variación es exclusiva del joropo llanero, y la razón de su exclusividad es bastante sencilla: el joropo llanero y el tuyero son los únicos en los que el arpa se presenta de manera protagónica como instrumento principal. Siendo este recurso una imitación del arpa, es comprensible que solo se utilice en la presencia de esta. Sin embargo, la conformación de una agrupación de joropo tuyero o central no posee bajo, solo arpa, maracas y cantante. En formaciones como la del joropo oriental, guayanés y andino la instrumentación varía, teniendo como enlace entre ellos al cuatro, el bajo y las maracas.

"Golpes" a 6/8

Los golpes más populares en compás de 6/8 son el "seis por derecho", "pajarillo" y "seis por numeración", todos de origen llanero. Pero en otras zonas también existen golpes a 6/8; por ejemplo, la revuelta en el joropo oriental o en el joropo tuyero. Es en este punto donde la diversidad musical venezolana se pone de manifiesto, ya que las líneas de bajo creadas para estos golpes, unidas a la acentuación de las melodías y el resto de la sección de acompañamiento crean una amalgama de extrema riqueza rítmica.

Ejemplo N° 6

Nótese en el ejemplo N°6 que a pesar de que la cifra indicadora es de 6/8, el compás está dividido en tres negras, siendo la primera un silencio, presentando una polirritmia en la cual pudiésemos fácilmente escribir el bajo en una cifra indicadora de 3/4.

Ejemplo N° 6.1

Este fenómeno se torna mucho más interesante cuando se escucha la sección acompañante en conjunto, ya que la acentuación se produce precisamente en ese silencio de negra en el primer tiempo, lo cual crea una síncopa total. Esta síncopa ha llevado a que los músicos en el argot popular llamen a este tipo de golpes *"Atravesao's"*, diferenciándolos de los escritos a 3/4 a los que llaman *"Corrío's"*.

Ejemplo N° 7

Ejemplo N° 7.1

Al igual que en los golpes de 3/4, en estos también podemos hacer uso de la progresión diatónica para llegar a cualquier acorde de la canción. Préstese especial atención al compás N° 4 del ejemplo N° 7. El compás volvió a la acentuación original de 6/8, dividiendo este en dos negras con puntillo.Esta diversidad métrica también existe a mayor escala, combinando golpes a 3/4 con golpes a 6/8. Por ejemplo, un pajarillo o seis por derecho que es precedido por un pasaje a 3/4 o, en el caso del joropo oriental, que presenta temas a 3/4 sin una estructura armónica fija y luego una revuelta a 6/8 conformada armónicamente por Subdominante – Tónica – Dominante – Tónica. En el tema "El Violinista Oriental", de Alberto Valderrama, se evidencia el cambio de métrica de 3/4 a 6/8.

El Violinista Oriental

C♯m F♯7 Bm7 E7 A A7 D B7
62
Em A7 D F7 Em E♭7
70
D B7 Em A7 D
76
G D A7 D
81
On Cue
G D A7 D
85

Existen varios aspectos importantes para el análisis en la obra *"El Violinista Oriental"*, de Alberto *"Beto"* Valderrama, que ilustran perfectamente lo mencionado en párrafos anteriores sobre el joropo a 3/4 y 6/8. Lo primero que se puede apreciar es la acentuación del compás de 3/4. El uso de una blanca seguida de una negra para destacar los tiempos fuertes y semifuertes. Esta negra representa la fundamental del acorde, como vemos en los compases 2 y 3 o presenta alternabilidad con el 5° grado, como los compases 11 y 12.

El tema (compás 1 al 80) no posee una estructura armónica fija, es una composición libre del autor, sin estructura melódica o armónica que lo definan como un joropo; sin embargo, el estribillo que se presenta a partir del compás 81 sí es una estructura armónica fija Subdominante – Tónica – Dominante – Tónica en la que el instrumento solista desarrolla un juego melódico basado en esta serie de acordes, lo que convierte al tema en un joropo.

Como se puede ver, la acentuación allí está ubicada en un silencio de negra, provocando un desplazamiento rítmico que, unido al resto de la sección acompañante, crea una amalgama musical bastante compleja.

Este estribillo presenta una gran cantidad de variables en el bajo, ejecutado en esta grabación por el maestro Roberto Koch. Sin embargo, para efectos del material se ha transcrito la estructura presentada en los primeros doce compases, para ilustrar al lector sobre la manera tradicional del acompañamiento. La frase *On Cue,* escrita en el último sistema de la partitura, es una marca referida a que el tema terminará con la indicación del solista.

El pasaje

A diferencia del joropo, el pasaje criollo es exclusivamente de los llanos venezolanos. Este es ejecutado en compás de 3/4 y puede ser compuesto en tonalidad menor o mayor. A pesar de que no están atados a una estructura armónica fija, sí poseen partes bien definidas. Están estructurados de la siguiente manera:

Introducción / Verso / Revuelta / Intermedio / Verso II / Revuelta II / Final

La introducción suele ser la versión instrumental de *la revuelta*, que generalmente suele desarrollarse en un giro armónico desde el I al IV grado, independientemente de que sea mayor o menor. El verso es algo más libre en su estructura armónica, pero se mueve en secciones de 8 o 16 compases. El intermedio es la reposición de verso y revuelta en su forma instrumental. Para ir de verso a revuelta, el bajo realiza el movimiento melódico descrito en el *ejemplo N° 4* del joropo, moviéndose en tres negras hasta llegar al IV grado. El término *"revuelta"* podría asemejarse en estructura a lo que pudiéramos llamar *"coro"*, pero, a diferencia de este, la revuelta es diferente en su lírica cada vez que se ejecuta. La línea del bajo es exactamente igual a la utilizada en el vals (ejemplo 1).

A partir de los años 90, con la incursión de artistas como Luis Silva, Ignacio Rondón, José Gregorio Oquendo, entre otros, el pasaje tuvo un renacimiento y renovación para llegar a un público joven y diferente, y abrirse paso a otras ciudades en las que el pasaje era visto como música de consumo exclusivo del campesino.

A esta nueva ola se le denominó pasaje *"estilizado"*. Este se caracteriza por la inclusión de giros armónicos un poco más complejos, la interpretación vocal incorpora una cantidad de vibratos y melismas nunca utilizados en el pasaje criollo o el joropo, donde se exige una voz "recia", producto del talento y la fuerza propia del llanero, pero sin ninguna educación vocal formal.

Pero en donde se encuentra la diferencia crucial entre criollo y estilizado es en las líneas de bajo. La clave rítmica se asemeja a la Onda Nueva, y elementos como *slaps* y acordes están a la orden del día. El virtuosismo del bajista comienza a ser un requisito y no una opción.

Pasaje estilizado

Esta línea de bajo es tan solo una muestra de la cantidad de variantes que pueden realizarse en el pasaje estilizado. Nótese cómo la clave se desplaza en dos compases y no en uno como lo hace en el pasaje criollo.

Aun así, a pesar de ser tan diferentes en su ejecución, el pasaje estilizado sigue rigiéndose por el mismo esquema estructural del pasaje criollo.

La gaita

Para elaborar un análisis de la sección armónica del acompañamiento de este género musical se debe tomar en cuenta, primeramente, la estructura de la sección rítmica de una agrupación gaitera. Los protagonistas de esta son la tambora, el furro y la charrasca. A partir de los años setenta se incorporan las congas, para luego darle paso a instrumentos como los timbales, el bongó, la campana e incluso la batería.

A diferencia de los géneros musicales estudiados antes en este material, en donde el rango de frecuencias graves estaba a cargo del bajo, en este género en particular existen dos instrumentos que se encargan de complementar esta necesidad: la tambora y el furro. El primero es de percusión y el segundo un idiófono; el rango melódico está limitado a una o dos notas fijas durante su ejecución. Su papel primordial es el de establecer un *Beat* que mantenga la estabilidad rítmica de la agrupación.

El acompañamiento del bajo en la gaita tiene su fundamento en estos dos instrumentos y la acentuación que ellos aportan al ritmo.

Tambora

Ejemplo N° 10. Furro

La acentuación en el cuero se corresponde con la ejecución del bajo en el joropo a 6/8, en el cual el compás se descomponía en una especie de 3/4, mientras que la madera subdivide al compás en las 6 corcheas, como naturalmente se divide un compás de 6/8. Sin embargo, a diferencia del joropo, el acento en la gaita va marcado por la primera corchea del compás ejecutada en la madera.

En el ejemplo N° 10 se puede observar el movimiento rítmico producido por el furro. Se corresponde perfectamente con el cuero de la tambora, con la salvedad de la corchea ligada a la primera negra del compás. Es de destacar también en el segundo compás el uso de tres negras en *staccato*.

Ejemplo N° 11

Dicho esto, es momento de conocer la línea rítmica/melódica del bajo. Analizando la línea presentada en el ejemplo N° 11, se puede observar claramente la correspondencia que existe entre esta y las del furro y la tambora. El primer tiempo del compás no se encuentra en silencio, como sucede en el joropo; sin embargo, al avanzar en el tema el acento se ve desplazado mediante el uso de la ligadura.

Otro aspecto a tomar en consideración es la anticipación armónica que existe de un compás al siguiente, precisamente a través del uso de la ligadura. En el compás N° 3 la línea de bajo se corresponde totalmente con la línea de la tambora, no solo del cuero, sino de la madera, mediante el uso del recurso de las "*Dead notes*" (notas muertas), representadas en el pentagrama en este caso con las corcheas cuyo núcleo es una "*x*".

Estas *Dead notes* se consiguen enmudeciendo las cuerdas colocando la mano izquierda ligeramente sobre el mástil; se logra así un sonido percusivo y no melódico.

Estas corcheas imitan a la madera de la tambora, mientras que las dos negras siguientes se corresponden con los golpes del cuero.

La forma musical de la gaita se establece de la siguiente manera: Estrofa (Bis) / Estribillo (Bis) / Intermedio. Cada parte de esta forma musical (más allá de la forma) se subdivide en dos partes, bajo un criterio estrictamente rítmico. Estas son *"floreao"* y *"cacharro"*.

El "floreao" se caracteriza por el uso de notas más largas, como se observa en el ejemplo N° 11.

En el "cacharro" toda la sección rítmica (incluyendo el bajo) establece un movimiento más cerrado. La línea de bajo se convierte en una secuencia de tres negras por compás. El uso de las ligaduras queda limitado al "floreao"'.

Hay algo que me atrapa de la música folclórica, independientemente del país que estemos estudiando, y es toda esta terminología coloquial que se utiliza para definir los conceptos musicales académicos.

El *"dos pa' tres"* es un término utilizado para referirse a los dos acordes ejecutados por el cuatro antes de que entre en escena el resto de la sección rítmica y armónica.

Este es, por lo general, una sección de 4 compases (no de 2), en el que el cuatro ejecuta el I y V grado en el primer compás para resolver al I grado nuevamente. Esto se repite, y en el compás 5 entra en acción el resto de la instrumentación, tras un repique de la tambora principal. En el caso muy particular de la agrupación "Iluminación Gaitera" esto no lo hace el cuatro, sino el bloque de tamboras.

Ejemplo N° 12

El énfasis armónico recae en el quinto grado del acorde. Es posible subdividir la primera negra en dos corcheas, como se observa en el cuarto compás del ejemplo N° 12. Asimismo, el *staccato* es un elemento predominante en cada nota ejecutada.

En el tema *"Prefiero mi gaita"*, de Rafael Sánchez, interpretado por la agrupación "*Gaiteros de Pillopo*", se logra apreciar la línea de bajo dentro de los parámetros antes estudiados y algunas variaciones propias del tema.

Prefiero mi gaita

Gaita

Rafael Sanchez
Gaiteros de Pillopo

Existe un aspecto importantísimo a considerar, y es que a pesar de que la gaita tiene una estructura bastante definida, cada agrupación ha contribuido al enriquecimiento de la misma. Con esto me refiero a que existen agrupaciones cuya sonoridad es particular, ya que han definido su sonido a lo largo de décadas de trabajo. Curiosamente, la manera de ejecutar el bajo es uno de los elementos definitorios del estilo de cada agrupación.

Estos diferentes estilos son obra de bajistas como Romer Quintero, Gustavo Luengo, Elvis Fuenmayor y José Villalobos, quienes han dejado su huella en la discografía de las agrupaciones gaiteras de mayor éxito y tradición de Venezuela.

Hagamos un pequeño compás para analizar las líneas de bajo de algunas de estas agrupaciones.

Rincón Morales

Es una de las agrupaciones más legendarias del género, fundada por "el negro" Rincón y Francisco Morales.

La característica principal de esta agrupación es que el *"dos pa' tres"* que realiza el cuatro para iniciar una canción va acompañado de un *obstinato* de bajo, que consiste en dos compases de tres negras cada uno, organizadas de la siguiente manera:

Orinoco

Después de este evento melódico, la tambora realiza un repique en la madera para introducirnos a la sección rítmica total. Otra característica que identifica a esta agrupación es la elevada velocidad de sus canciones, haciendo de estas casi una parranda. Si lo analizamos desde el punto de vista de la polirritmia, es justo decir que a pesar de que la sección rítmica se mueve sobre un compás de 6/8, el bajo se mantiene en un compás de 3/4.

La razón por la cual incluyo esta agrupación en el desglose es por la manera como ha visualizado la sección rítmica, haciendo de esta una de las más singulares dentro del género.

Ya discutimos hace algunas páginas la estructura de la gaita, teniendo rítmicamente dos momentos fundamentales: el floreao' y el cacharro; este último de una acentuación más pronunciada en el primer tiempo del compás, lo cual, según la terminología popular, los hace más *"apretados"*.

La música de Koquimba, a pesar de tener el mismo esquema tradicional en el que el verso se repite, al igual que el coro, estos no están separados en su rítmica como las otras agrupaciones, ya que básicamente, todo el tema lo manejan como "cacharro". Apoyando esta *"filosofía"* rítmica, el bajo va dibujando una línea bastante similar a la del paseo vallenato, haciendo un *glissando* hasta la tónica en negra con puntillo y completando la segunda mitad del compás con un grupo binario de 4 corcheas, donde deberían existir 3. Siguiendo con la teoría polirrítmica, esto se asemejaría a visualizar el compás de 6/8 como un compás partido, de 4 negras.

Koquimba

A esto debemos sumar el hecho de que utilizan como instrumento melódico el acordeón, y la forma de interpretar de sus cantantes es particularmente parecida al canto vallenato.

Gran Coquivacoa

Esta legendaria agrupación es motivo de análisis por dos factores. Primero, sus integrantes se autodenominan "Los reyes de la Tamborera", lo que es un género adjunto a la gaita, que analizaremos más adelante en este capítulo. Y segundo, por ser los creadores del ritmo *"Cachachá"*, que no es más que una variación rítmica de la percusión que separa un poco en la interpretación a las dos primeras corcheas de la tambora y la charrasca, haciendo que se asemeje un poco al *tumbao'* del bajo con el de la salsa. También hay que destacar el uso de la sección de vientos, así como el *baby bass* en lugar del bajo de pecho, llevando toda la agrupación hacia el mundo del son y la salsa.

La tamborera es un ritmo "anexo" a la gaita zuliana. Es un género nacido en el estado Zulia, solo que, a diferencia de la gaita, este está cifrado a 4/4 y no a 6/8. Su similitud con la salsa y la cumbia colombiana lo hace un ritmo bastante más universal. De hecho, la sección rítmica no tradicional (timbal, congas, bongo, campana) se maneja en conceptos muy cercanos a la salsa, así como el piano y el bajo.

Gran Coquivacoa ha sido pionero en la evolución de este género y de darle ese toque *"salsoso"*. En principio era mucho más parecido a la cumbia colombiana. Si nos remontamos a las tamboreras de Cardenales del Éxito, como *"Amparito"* o *"La primavera"*, podremos verificar este hecho. Canciones como *"San Benito"* o *"Lo nuestro es lo mejor"*, que son algo más modernas, tienen ese elemento salsero en estructura, rítmica e interpretación.

Incluso, en *"Amparito"* podemos notar cómo el bajo y el piano se encuentran en el intro con una frase característica de la cumbia colombiana utilizada en su momento por agrupaciones bailables como la Billo's Caracas Boys o Los Melódicos.

Línea de bajo Amparito.

En cambio, *"San Benito"* presenta un juego de campanas de timbal y de mano, lo cual nos lleva al tumbao' de la salsa. También podemos separar el bajo en diferentes momentos, similar a lo que sucede con el *floreao'* y el cacharro. Aquí tenemos Verso / Coros / Mambo, siendo el verso de estructura más *"cuadrada"*, mientras que los coros y los mambos tienen la presencia de la anacrusa del bajo, anticipando siempre armónicamente al compás siguiente.

Verso San Benito

Coro San Benito

El merengue

Este ritmo musical es, rítmicamente, de los más complejos que existen en Venezuela. El uso de una célula rítmica de 5/8 hace de este un género bastante difícil de ejecutar. La conformación de la agrupación del merengue fue en principio la de una banda marcial (vientos y percusión). Se debe recordar que en un inicio la música en la ciudad era ejecutada en retretas por las bandas marciales.

Sin embargo, al transcurrir el tiempo hubo músicos que se dedicaron a interpretar el merengue con otra conformación instrumental, haciéndolo accesible al músico popular. Maestros como Luis Laguna, Pablo Camacaro y Henry Martínez son compositores que han dejado su huella en cuanto al merengue se refiere.

Existen diferentes formas de cifrar al merengue venezolano: 5/8, 2/4 o incluso 6/8. Independientemente de la cifra indicadora, la intención en la acentuación es similar en todas ellas, solo cambiará un poco en el 6/8.

Ejemplo N° 13

En el ejemplo N° 13 se puede observar la línea de bajo del merengue venezolano en una medida de 5/8. Nótese que, en una composición rítmica de 5 corcheas, el hecho de que la primera corchea esté representada con un silencio desplaza la acentuación. El tiempo fuerte en este esquema es el segundo, representado por la negra. La ejecución de las corcheas debe ser en *Staccato.*

Armónicamente, ese tiempo fuerte está representado por el quinto grado del acorde que se esté ejecutando en ese compás, lo que también provoca un desplazamiento armónico, ya que el énfasis no se hace en la tónica, sino en la dominante. Por supuesto, todo esto está sujeto a los enlaces armónicos que presente la pieza en particular.

Ejemplo N° 14

En el ejemplo N° 14 se observa una variación de la línea anterior. La diferencia principal entre esta y la línea anterior es el hecho de que en el compás N° 1 no se conserva el silencio de corchea. En su lugar, tenemos una negra en la tónica.

El desplazamiento rítmico que ocurre en el compás N° 2 no existe en este, así como tampoco el desplazamiento armónico, ya que la tónica y la dominante tienen el mismo valor.

Ejemplo N° 15

En el ejemplo N° 15 se presentan las mismas líneas de bajo de los ejemplos 13 y 14, solo que bajo la cifra indicadora de 2/4.

Ejemplo N° 16

Cuando la cifra indicadora es 6/8 (ejemplo N°16), la línea del bajo es similar a la de la gaita zuliana. La principal característica del merengue venezolano es su síncopa. Esta no se presenta en el 6/8. Suele suceder que los ejecutantes que se están iniciando en este género musical tienden a pensar de una manera "cuadrada", es decir, sentir el pulso en términos binarios o terciarios.

Siendo el 5/8 un ritmo irregular, el ejecutante lo traslada al 6/8 de manera inconsciente. Es así como melodías escritas a 5/8 son ejecutadas a 6/8 y pierden la síncopa al colocar una corchea de más al final de cada frase.

Ejemplo N° 17

Ejemplo N° 18

En los ejemplos N° 17 y 18 se observa lo mencionado anteriormente con respecto a la adición de la corchea al final de cada compás. Ante esto, la sección rítmica debe acoplarse, surgiendo así la línea de bajo presentada en el ejemplo N° 16.

A pesar de esta dualidad métrica, hay una gran cantidad de repertorio escrito en merengue a 6/8. Las agrupaciones caraqueñas que conservan la formación original de la orquesta de vientos y percusión tocan este particular merengue a 6/8, y lo llaman merengue "*rucaneao*".

Cocoita

En esta pieza se aprecia que la línea de bajo es muy similar a las líneas de bajo a 6/8 estudiadas anteriormente.

La Onda Nueva

La Onda Nueva es un género musical desarrollado a finales de los años 60 por el pianista y compositor venezolano Aldemaro Romero. Aunque a él se le atribuye su creación, esto no habría sido posible sin la participación del baterista Frank Hernández, mejor conocido como *"El Pavo"* Frank. De hecho, a pesar de que las composiciones son autoría de Aldemaro Romero, la esencia del género es, y esta es una opinión muy personal, un 80 % de Hernández. Y es que la distinción musical de la Onda Nueva es totalmente rítmica, más allá de que las melodías se paseen por séptimas y novenas o que la armonía transite los caminos del jazz. La célula rítmica se desarrolla en dos compases (de 3 / 4), algo similar a lo que ocurre con géneros como la salsa.

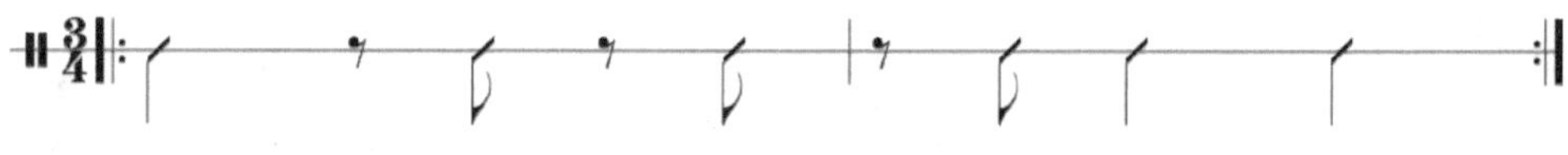

Célula rítmica Onda nueva

Nótese la síncopa marcada por las corcheas del primer compás, y cómo es resuelta luego en las dos últimas negras del segundo compás como preparación al siguiente, al igual que sucede en el pajarillo.

Esta *"clave"* rítmica sería trasladada luego al cuatro y las maracas para dar acceso a las composiciones en otra configuración instrumental más tradicional, en la que la batería no forma parte de la instrumentación. Y es que la Onda Nueva nace desde el interior de una agrupación jazzística, con la intención de fusionar la música venezolana con la audacia e irreverencia del jazz.

Es una fuerza tan poderosa (y pegajosa) la Onda Nueva, que pronto algunos compositores comenzaron a escribir música en este formato. Como el maestro Pablo Camacaro con su Onda Romántica, o incluso, las agrupaciones comenzaron a ejecutar los valses rápidos con la clave de la Onda Nueva.

En lo que respecta al bajo, la línea ejecutada está estrechamente unida a la clave, mas no es idéntica a esta, dejando algunas notas largas que permiten destacar a instrumentos de percusión o a la sección rítmica, sea cual sea la configuración de la agrupación.

Línea de bajo Onda Nueva

En cuanto a la armonía se refiere, en este género tenemos una libertad increíble que tal vez no exista en otros más tradicionales como el vals o el joropo. Ya establecimos que la filosofía de este proviene del jazz, así que podemos permitirnos jugar con sustituciones armónicas, acordes multifuncionales y cualquier otra *"travesura"* musical que se nos ocurra, respetando (obviamente) los parámetros de la composición.

Finalmente, todo lo que hemos leído no es más que una corta visión a grandes rasgos de la riqueza que ofrece la música venezolana, desde el punto de vista y el análisis de un bajista. Existe aún una vasta gama de géneros, ritmos y manifestaciones culturales que seguramente nos permitirán escribir muchos volúmenes más de este trabajo. Es seguro que, a medida que pasen los años, ella siga enriqueciéndose y alimentándose de la música del mundo, como la ha hecho desde siempre, como se forjó desde su nacimiento, apoyándose en el mestizaje cultural y la necesidad de gritar el mensaje de libertad del alma de los pueblos.

Es una satisfacción inmensa para mí poder compartir este conocimiento que he logrado adquirir a través del ensayo y error, del transitar por incontables tarimas y teatros durante estos 25 años de carrera musical. Ha sido un trabajo de campo de más de dos décadas, y es un verdadero placer poder compartirlo con ustedes. Espero que a través de este humilde material la música venezolana tenga una ventana más hacia el mundo y puedan ustedes, apreciados lectores, convertirse en multiplicadores de la misma, y que hayan disfrutado tanto al leerlo como lo disfruté yo al escribirlo.

El autor

www.ingramcontent.com/pod-product-compliance
Lightning Source LLC
LaVergne TN
LVHW091235150826
845673LV00003B/1143

* 9 7 9 8 8 4 3 0 3 9 4 5 5 *